Für meine kleine Hexe,

für meine zweite Seelenhälfte,

meine Seelenliebe, meine Anam Cara.

Für die schönste Frau,

mit der süßesten Schniss,

auf dieser Erde!

Peter Druffel

Mondliebe

Das traurige Lied der ungelebten Liebe

Bibliografische Information der Deutschen Nationalbibliothek:
Die Deutsche Nationalbibliothek verzeichnet diese Publikation in der Deutschen Nationalbibliografie; detaillierte bibliografische Daten sind im Internet über http://dnb.d-nb.de abrufbar.

Mondliebe: © 2009 Peter Druffel

Fotos von Peter Druffel: © 2009 Olaf Gorski

Foto von Al Di Meola: © 2009 Francesco Cabras

Bild Hexenwunden: © 2009 Morgaine Le Fay

Herstellung und Verlag:

Books on Demand GmbH, Norderstedt

www.bod.de

ISBN: 978-3-8391-1868-9

„Poor as paupers, proud as kings,
All we do is aim for better things.

That finger, finger of faith comes out and touches me,
It`s better, better late than never for honesty,
That sender, go and send yourself another dream.

Go and send yourself away, go and dream,
Go and dream, go and send yourself away.

Poor as paupers, proud as kings,
All we do is aim for better things.

Your so tender, tender eyes, release that golden view.
It`s simple, simple friendship, flowers are passed to you,
Your picture, picture perfect, pathways are laid for you.

Go and send yourself away, go and dream,
Go and dream, go and send yourself away.

Poor as paupers, proud as kings,
All I do is aim for better things"

Seth Lakeman – Send Yourself Away

Inhalt:

Diese Zeit hält mich für einen Narren

Traf dich einst oft beim Apfelbaum
Lagen auf grünen Halmen
welche sich vor dir verbeugten
deren Grün uns Frieden schenkte

Mit der Welt im Gleichgewicht
hielt ich dich in meinen Armen
lag mein Kopf in deinem Schoß
sah Luna leise lächelnd Freunden zu

Doch diese Zeit hält mich für einen Narren
weil ich mit Bäumen bete statt in Steinen
Meine Seele hätte das Sprechen fast verlernt
weil der Verstand dieser Zeit sie das Fürchten lehrte

Hab das Glück gesucht – nur nicht gefunden
Die namenlose Leere gespürt - doch nicht verstanden
Nun hast du mich gefunden – mich erinnert
Nun bin ich wieder da – und male Späße in Wolken

Endlich wieder Kraft ein Narr zu sein
Endlich sind Sonne und Mond wieder vereint
Was wäre denn die Welt nur ohne sie?
Und was wäre ich ohne dich
ohne meine Morgaine Le Fay?

„'Cause I am falling in love with you
No never, I'm never gonna stop
Falling in love with you
With you"

The Corrs - Runaway

Geb' dir all meine Liebe

Geb' dir all meine Liebe
all meine Kraft
Geb' dir all meine Wärme
all meine Zärtlichkeit

Du bist meine Vergangenheit
meine Gegenwart
Du bist meine Zukunft
meine Zuversicht

Sei du mein Halt
meine Stütze
Sei du meine Gefährtin
meine Liebe

Will mit dir lachen
mit dir toben
Will mit dir leiden
mit dir weinen

Kurz: Sei mein Leben

Bye, bye Nimmerland

Ich trete hinaus auf die Strasse
und Luna spendet ihr Licht
Ich spüre genau was passiert
nur erklären kann ich es nicht

Suche verzweifelt nach Worten
aber finden kann ich sie nicht
Will nur erklären was ich fühle
Kein treffender Ausdruck in Sicht

Wie dir beschreiben wie wichtig
wie schön und strahlend du bist?
Selbst ein „Ich liebe dich!"
klingt da nur spröde und trist!

Da gibt mir Luna endlich einen Tipp
Gibt mir ein Bildnis als Beispiel
das du längst hast verdient
denn du bedeutest mir so viel

Du bist mein Sternenstaub

mein wunderbarer Gedanke

der mich zum Fliegen bringt

Du bist die Kraft die ich tanke

Bin ich der ewige Junge, bin ich Peter Pan

werde ich für dich das Nimmerland verlassen

Werde ich fröhlich lächelnd gehen

werde ich mein Glück am Schopfe fassen

Brauche keinen Captain Hook

der kämpft auch ohne mich

Bye, bye Nimmerland!

Was sollte ich dort auch ohne dich?

Liebesgeschichten

Adam und Eva

Er ließ sich mit ihr aus dem Paradies vertreiben. Wer hätte nicht gern in den Apfel gebissen? Das mit der Rippe ist eine Erfindung. Die ersten Machos der Geschichte mussten für Alles eine Ordnung haben. Das ist auch noch heute so.

Jesus und Maria Magdalena

Sie, von den Jüngern angefeindet, von der Kirche verleumdet und verleugnet, salbte auch gegen den Strom. Sie stand noch am Kreuz, als die Jünger schon flohen. Sie glaubte als alle Anderen noch zweifelten. Sie muss eine faszinierende Frau gewesen sein.

Sokrates und Xanthippe

Ich denke, sie war gar nicht so zänkisch. Aber Platon war Geschichtsschreiber und als solcher formte er die Geschichte mit seiner Feder, nicht mit seinem Herzen. Er schrieb über edle Dinge, wie Philosophie. Die Liebe war nicht sein Ding. Er verstand die Liebe nicht. Aber wer kann das schon behaupten?

Merlin und Nimue

Er verriet ihr alles! Jedes Geheimnis dieser Welt machte er ihr zum Geschenk. Für Ihre Liebe, die er nie bekam. Er bekam den Weißdornbusch - lebenslänglich. Für die Liebe. Auf ewig. Freiwillig!

Eric Clapton und Pattie Boyd

Er ging wegen ihr durch die Hölle. Sein Leid hört man heute noch. „Layla" ist ein trauriges Beispiel dafür, dass man Liebe nicht erzwingen kann. Man erpresst die Liebe nicht - man steht ihr hilflos gegenüber. Erst als Slowhand dies begriff, mit Mitte fünfzig, bekam er Melia.

Romeo und Julia

Oft überbewertetes Drama. Shakespeare hat Besseres geschrieben. Der Tod ist keine Lösung, keine Option. Immerhin emanzipiert - zu ihrer Liebe aufschauende Männer, fand man 1597 sonst nur im Märchen, wofür manche Emanzipation auch heute noch halten.

Du und ich

Ich sehe Dich gern als Nimue. Eine Frau die Alles wert ist. Die eine Julia, zu der ich aufschauen kann. Aber es gab nie ein Wir und egal, was ich auch bereit bin zu tun, werde ich Dein Herz wohl nie wirklich erreichen. Meine Variationen von „Ich liebe Dich!" sind nicht einmal ein „Ich weiß!" wert. Ein Leben mit dir zu teilen ist und bleibt ein Traum. Dabei wäre ich schon glücklich, wenn ich weinen dürfte. Ein Merlin, losgelassen weinend, den Kopf im Schoß seiner Maria Magdalena, seinem Stern, seiner Mondgöttin, seiner kleinen Hexe…

Hexenwunden

Ich kenne eine kleine Hexe
Die wollte so gar nicht verstehen
Dass der Phoenix weinen muss
Sie konnte dies nicht sehen

Weint der Phoenix auch um sie
Weint verzweifelt über Stunden
Am Ende doch wird alles gut
Phoenixtränen heilen Hexenwunden

Tränenmeer

Einst trafen wir uns

am Mond

jeden Abend

um Neun

Wir träumten

waren glücklich

in der gefühlten Gegenwart

des Anderen

Als es Zeit war

den Traum auch zu leben

gingst du fort

in dein altes Leben

Heute

ist es einsam

auf dem Mond

ohne dich

Heute

mag niemand mehr behaupten

auf dem Mond

gäbe es kein Wasser

Seht nur das Tränenmeer…

Mit leeren Händen

Bisweilen finden wir uns
mit leeren Händen wieder
Und bedauern uns
beklagen unser Leid

Wir sollten uns endlich aufraffen
Aufraffen wirklich hinzusehen
wahrlich zu erkennen
befreit zu fühlen

In leeren Händen erst
können wir lesen
Geschichten voller Fantasie
Gedichte voller Hoffnung

Erst in der leeren Hand
finden wir die Story mit unserem Happy End
Von gelebter wahrer Liebe
und dem Ende kalter Vernunft

Wege
(nach einem Bild von Miriam Weeke)

Weinend lief ich durch meinen Wald

Auf der Suche nach einem Weg

irrte ich umher

Im Morgengrau'n begegnete ich

abseits des ausgetretenen Pfades

einem Grashalm

mit gebrochenem Schaft

Noch im Sterben

erzählte er mir

vom wahren Wesen der Welt

von Wärme und tiefster Liebe

von Freude und Freundschaft

Er lehrte mich

dass ich meinen Weg

nur finden kann

ohne Schuhe

Ich ihn nur gehen kann

wenn ich bereit bin

barfuss zu gehen

Ich lernte

Wege zu fühlen

Nicht nur zu gehen

Auch dann

wenn es unglaublich weh tut…

Mein Avalon

Mein Avalon

ist kein fester Ort

existiert in Traum UND Wirklichkeit

strahlt in liebevoller Wärme

schenkt mir ein schelmisches Grinsen

trägt eine bunte Weste mit Ärmeln

Mein Avalon

hat eine Haut weich wie Samt

hat die Haare eines Engels

duftet wie der Wald bei Sonnenaufgang

schaut mit gebirgsbachklaren Augen

direkt in meine Seele

Mein Avalon

spüre ich jede Sekunde

in meinem tiefsten Innern

bei jedem Atemzug

in meiner friedvollen Mitte

bis in die Anderswelt und zurück

Ungefragte Antworten

Wenn Antworten ausblieben, neigte ich dazu in ein negatives WIESO und WARUM abzurutschen. "Keine Antwort ist auch eine Antwort", sagt der Volksmund. Ich aber sage heute:

Nicht jede Frage kann beantwortet werden. Manche Antwort muss erst gefunden werden, Andere wird es nie geben. Wer bin ich, eine Antwort zu erwarten? Wenn man mich fragt, warum ich dich so sehr liebe, oft vor Sehnsucht glaube zu sterben, weiß ich darauf keine genaue Antwort.

Gefühle zu erklären, ähnelt der Quadratur des Kreises. Daran scheiterte schon Leonardo Da Vinci - wer bin da ich? Es ist so einfach - Liebe IST! Ohne Frage!

Und: Nicht jede Frage verdient eine Antwort.

Gerade dann, wenn ich die Antwort in mir selbst finden kann, wird mir bewusst, dass Du etwas Besseres als Fragen verdienst! Du verdienst ungefragte Antworten. Von jetzt an schicke ich dir statt Fragen ungefragte Antworten. Schicke ich dir Kraft, Wärme, Hoffnung und Liebe. Soviel ich hab und geben kann.

(Und es sei erwähnt, es ist eine Menge)

Denn dies ist die verdiente Antwort, welche die Freiheit für uns hat - ungefragt -

Es ist so einfach...

Einer uralten Weisheit folgend

lebe ich

wie innen, so außen

wie oben, so unten

was ich säe, ernte ich

verrate ich mein Innerstes oder Andere

ernte ich Verrat

verletzte ich mich oder Andere

ernte ich Schmerz

was ich fühle, will ich mit Leben füllen

was ich denke, ziehe ich an

Mit jedem Erwachen spüre ich

die unbändige Liebe in meiner Mitte

getragen vom Wind der Erkenntnis

dass sie die Saat ist

deren Ernte noch nicht mein ist

Was ich der Welt gebe

deren Teil ich bin

wird sie mir zum Geschenk machen

Irgendwann

Der Moment der Ernte

steht in den Sternen

Einzig gewiss

ist sein Ursprung

Die allumfassende Kraft

der wir uns niemals entziehen können

die wahre bedingungslose Liebe

Es ist so einfach…

Kordelknoten

In meiner Jacke

ist eine Kordel

zwei Knoten darin

Die hast du

hinein gemacht

Sehe jetzt noch

dein Grinsen

sehe wie du lachst

sehe deine Augen

wie sie strahlen

vor Glück

und wünsch mir

diesen Tag

so oft zurück

„Nimm diese Knoten hier

damit du

dich erinnerst

mich nicht vergisst"

Wie sollte ich?

Ich spüre dich

jetzt und hier

trag dich

für alle Zeit

bei mir

Ich wäre so gern

Ich wäre so gern

der Schutz

der Raupe

Die Kraft

der Wandlung

Der warme

zarte Wind

unter den Flügeln

des Schmetterlings

der ihn aufsteigen

und fliegen lässt

Der ihn erhebt

ihn trägt

wohin er will

zu fernen Orten

zu seinen Träumen

Ihn wahre Freiheit

spüren lässt

Seine Stimme trägt

damit sein Lied

die Welt erhellt

Und braucht

der Schmetterling

mal eine Rast

wäre ich gern

das weiche grüne Blatt

Taim i' ngra leat

Phoenixflammen

Im Angesicht Glencoes' sternenklarer Nacht
nahm die Bestimmung ihren Lauf
die letzten Sonnenstrahlen verrannen
stand der Phoenix hell in Flammen

Auf einem rauen Felsen
lag die Asche ungeschützt
und war es doch des Windes Streben
verbot Luna ihm sich zu erheben

In Lunas liebevollem Licht
erhob der Phoenix sich von neuem
flog und begab sich auf die Reise
zog am Himmel seine Kreise

Begab sich auf den Weg der wahren Liebe
Sang ein Lied, welch Klang der Freiheit
nun fragst du dich wo flog er hin?
er flog zu dir, mein wunderschöner Schmetterling

Wenn ich wirklich will...

... ist es einfach, alles zu riskieren

... ist es einfach, mich ganz zu geben

... ist es einfach, bedingungslos zu lieben

Aber es ist die Hölle

all dies

zu wollen

zu können

zu fühlen

es aber nicht leben zu dürfen

Der einsame Wanderer

Mit dem frühen Nordwind
brachte mir der laue Morgen
mit der Erkenntnis eiskaltem Schwert
erneut die schmerzende Gewissheit

Die Bestimmung meines Daseins
Schon seit langem gelebt
Die Bestimmung unserer Liebe
Sich aber wohl niemals erfüllt

Zwei empfindsame Seelen
Die sich über alles lieben
Zwei hell leuchtende Sterne
Durch die Milchstrasse getrennt

Du gabst mir einen Namen
So rein und wunderschön
Wie sonst du nur bist
Geliebte schöne Elfenkönigin

Ich wäre so gern dein Farodin
Glücklich haltend deine Hand
Dir in die klaren Augen sehen
An deiner Seit' ins Mondlicht gehen

Was bleibt ist bedingungslose Liebe
Jeden Tag dir nachzusehen
Dich im Glück zu wissen
Mich lächelnd in die Einsamkeit ergeben

Vielleicht als Retter
Sicher in wahrer Liebe
Sowie ewiglicher Treue
Als der einsame Wanderer

Mit Namen Nuramon

Bevor…

Keine Geschichte dieser Welt ist geschrieben, bevor sie endet!

Aber es kann sein, dass wir sie in hunderten von Jahren noch lesen und schätzen.

Kein Lied ist gespielt, bevor sein letzter Ton verklungen ist!

Aber es kann sein, dass wir es in hunderten von Jahren noch fröhlich vor uns hin pfeifen.

Und genauso endet meine Liebe zu dir nicht, bevor ich nicht meinen letzten Atemzug tat.

Und selbst dann wird meine Seele sich noch in tausend Jahren Deiner erinnern!

Liebe der Gegenwart

Dem Vergangenen nachzusehen

bringt mir nur Schmerz

lässt mich trauern

Auf Zukünftiges zu hoffen

bringt mir nur Schmerz

lässt mich warten

Illusion der Zeit

Täuschung des Verstandes

sie trennt mich von mir

Im Hier und Jetzt jedoch

vom Ego befreit

im vollkommenen Sein

Kann ich sie spüren

Kann ich sie leben

Kann ich sie sein

die Liebe, die ich bin

die Liebe zu dir

die Liebe der Gegenwart

Halbe Sachen

Wenn ich den Menschen meine Geschichte erzähle, erreicht mich irgendwann, früher oder später, ihr Mitleid. Dann werde ich in ihren Bildern zum armen Kerl, zum einsamen Poeten und lebe mit *gebrochenem*, blutendem Herzen. Wenn ich dann widerspreche, bricht vor meinen Augen eine Welt zusammen, macht sich Ratlosigkeit breit. Wie könne ich nur so leben? Wie könne ich ihr denn nicht böse sein, sie nicht hassen? Nicht versuchen, sie zu vergessen? Ich bin dann zugegebenermaßen sehr unhöflich und antworte mit einer Gegenfrage: »Wenn ihr so denkt, habt ihr dann je wirklich geliebt?«

Nun, es ist einfach zu lieben, wenn Liebe sich erfüllt, gelebt werden darf. Nur weil mein Leben es gerade anders will, verschwindet sie aber sicher nicht. In tiefster Seele verwurzelt, liebt mein Herz diese Frau, diese eine Seele. Mit allem was ich hab und geben kann. In Momenten schmerzhafter Sehnsucht und Trauer ganz besonders! Da ist mein Herz aber nicht *gebrochen*, es steht in Flammen! Wie beim Phönix, der mit jedem Male schöner und stärker wird. Die Liebe, die ich fühle, bringt aus sich heraus kein Leid, denn wahre Liebe neidet nicht, hat kein Gegenteil. Sie ist. Ist bedingungslos. Mein Herz machte ich ihr zum Geschenk. Zusammen mit meiner Hoffnung, meinem Blut, meiner Seele, meinem Leben. Mein Herz ist nicht *gebrochen*! Es liebt aus tiefster Seele! Was könnte denn schöner sein? Ihr versteht das nicht? Dann in Eurer Sprache: »Wer verschenkt schon gern *halbe* Sachen?!« Ich ganz sicher nicht!!

Ich bin

Besteig dein Schiff

und segle los.

Hinaus aufs Meer.

Ich bin der Wind,

der deine Segel füllt.

Ich bin der Anker,

den du werfen kannst.

Ich bin der Stern,

der dir in dunkler Nacht

den Weg weist.

Ich bin der Hafen,

der dich aufnimmt.

Mit all meiner Liebe.

Ich bin die eine,

die wahre Liebe

und du

die Frau am Ruder.

Sechs Monde

Vor sechs Monden

kamst du auf mich zu

seitdem

stand die Welt Kopf

fuhr sie Achterbahn

war sie der Himmel

Beschrieb ich

mein Tagebuch

mit Leben

jeder Tag

ein pures Bekenntnis

reine Liebe

hunderte Monde werden folgen

und ich werde immer

unbeirrt fest aufrecht stehen

wie der Fels in der Brandung

dir ein ewiges Versprechen

bedingungsloser Liebe

Wie es mal war

Wenn wir zwei

den Samen unserer Liebe

in den Garten der Hoffnung pflanzen

und ihn gießen mit Willen, Treue und Freiheit

kann alles geschehen

und nichts wird mehr sein

wie es mal war

Barbara

(für meine Seelenfreundin, meine Anam Cara, Barbara Zantis)

Als ich fiel

abgrundtief

von Dunkelheit umgeben

Kam das Licht

engelsgleich

mit ihrem Blick

Zweier Hände Halt

wärmend

die Meine sanft haltend

„Du musst nicht sterben!"

beruhigend

hob sie mich empor

Gab mir die Kraft

unbeirrt

weiter zu lieben

Bin überglücklich, dass es sie gibt!

Einzigartig

Letztens sagte jemand mir:

„Du bist echt einmalig, einzigartig!"

Das hat mich sehr erschreckt!

Wie ein Blitz,

der vor meinen Füßen einschlägt.

Denn schon Michelangelo schrieb an Cavalieri:

„Wer in allem einzig ist, kann nicht Gefährten haben."

Feuer

Des Lebens Willen

Geboren um Feuer zu bekämpfen

Das Äußere hab ich stets besiegt

Dem Feuer in mir

dem unsagbaren Schmerz

steh ich hilflos gegenüber

Nun gebe ich auf

lasse beides geschehen

wird Außen und Innen Eines

Lass meine Hülle vergehen

bleibt nur noch Feuer

aus dem der Phoenix aufersteht

Gestärkt und geläutert

und wieder

mit dem gleichen Feuer in mir

kann ich nicht entfliehen

kann ich nicht anders

als bedingungslos zu lieben

Wie hoch der Preis auch sein mag

Auf ins Feuer

mit offenem Herzen

Michelangelo

In den letzten Tagen
steht mir Michelangelos Werk
sehr nahe
Sind wir uns doch
so ähnlich
schrieb er doch

„Wer mich verbrennt, erhöht nur meine Stärke,
Wie Holz und Wind die Feuersglut entfachen,
Und wer mich tötet, wird mich leben machen,
Und wer mir schadet, nützt nur meinem Werke."

Genau wie er
steh ich jedes Mal wieder auf
Ich allerdings
bin mir dieses Mal
nicht mehr sicher

Aufgeben

Liebe lebt von Kleinigkeiten
Die durft' ich dir nicht geben
Auch das Große nicht beweisen
Die Liebe die ich fühl nicht leben

Hätt' es doch so gern bewiesen
Die Chancen gabst du ihm allein
Deus Vult heißt es auf Latein
Dann sollt' es wohl so sein

Die Liebe scheint mir nicht bestimmt
Nimmt mein Leben seinen Lauf
und beugt mich Gottes Wille
Nun denn - Merlin gibt das Zaubern auf

„ These wounds won't seem to heal
This pain is just too real
There's just too much that time cannot erase"

Evanescence – My Immortal

Sternentaufe

Schon immer

wusste die Menschheit

dass Liebe

reine Energie ist

die nicht zerstörbar ist

Durch Nichts

Wenn unsere Liebe

nicht sein darf

muss sie irgendwo hin

Meine Liebe

schick ich jetzt

auf einen Stern

damit er dir

leuchten kann

auf deinem Weg

zwar ohne mich

aber niemals

ohne meine Liebe

Ein strahlendes Leuchten

unvergängliches Bekenntnis

bis an das andere Ende

von Meister Horas' Zeit

Schau bisweilen nach ihm

nach unserem Stern

ich taufte ihn

auf den Namen

Heather & Nuramon

Erfolglose Suche

Seit Anbeginn der Zeit

sucht ihr nach Himmel und Hölle

zur Orientierung braucht ihr es wohl

Hört auf zu suchen!

Es ist sinnlos

denn

der Himmel wäre in ihren Armen

und

die Hölle,

die Hölle brennt in mir

Drei

Dreimal

trafen wir uns

durfte ich sie sehen

ihr sagen was ich fühle

Dreimal

für sie durch die Hölle gegangen

vom Himmel gefallen

als Phoenix auferstanden

Dreimal

versprach sie sich mir

und ließ mich doch stehen

heilten Phoenixtränen Hexenwunden

Dreimal nach dem Sinn gefragt

Die Antwort kam

von zweien meiner Engel

durch einen weltlichen Dritten

Drei

Merlin

Wahre Liebe

ist bedingungslos

lässt frei

ist bekennend

riskiert alles

verlangt nichts

kämpft nicht

siegt nicht

hat kein Gegenteil

Sie ist

Das hat er mir beigebracht

Er gab sich ihr hin

gab das Zaubern auf

ließ sich bannen

für alle Zeit

von der Liebe

für die Liebe

Er für Nimue

ich für Morgaine

für die eine Liebe

Nun, wir ließen sie gehen

Wir werden sie immer lieben

ich bin Merlins Erbe

zeigt mir meinen Weißdornbusch

Zerschlagen

Fühl mich

wie ein zerschlagener Spiegel

tausend Scherben

tausend Teile

Jedes

zu klein

um von Bedeutung zu sein

aber jedes groß genug

um tödlich zu verwunden

Amy Lee hatte Recht

Ich blute

doch atme ich nicht

Gebe keine Garantien mehr

Der einzige Weg

Annehmen, aushalten, vergehen
Durchhalten, dabei aufrechten Hauptes stehen
Vertrauen, erkennen, in den Spiegel sehen
und dort immer wieder die Liebe sehen

Geh du nur

Ich liebe dich

geh du nur

frohgemut deines Weges

wenn ich weiß

dass du glücklich bist

tut die Hölle

durch die ich geh

nur noch halb so weh

geh mit Gott

er und ich

wir sehen dir lächelnd nach

geh du nur

frohgemut deines Weges

denn

Ich liebe dich

Drei Eichen

Unserer Familie Wappen

Drei Eichen

in einer gemeinsamen Krone vereint

zeigt wir sind starke

liebende Menschen

und kennen keinen Feind

Herman

(Für Herman van Veen)

Auf der Bühne

bringt er dich zum Lachen

bringt er dich zum Weinen

macht er dich nachdenklich

und bisweilen wütend

macht er dich traurig

und froh zugleich

Abseits der Bühne

bringt er dich zum Lachen

bringt er dich zum Weinen

macht er dich nachdenklich

und bisweilen wütend

macht er dich traurig

und froh zugleich

Er ist wahrhaft authentisch

Und über alledem steht seine treue Seele

Ich tat dir Unrecht alter Knabe

Peter Pan

Dein Fenster stand offen

Ich hatte den Feenstaub

den unbändigen Willen

und all meine Liebe

Du hieltest die Nase aus dem Fenster

versprachst dich mir

und bliebst dann

doch lieber dort

Du wolltest lieber Daheim

im alten Leben

im Warmen fliegen

Ich werde nach dir schauen

unbemerkt

jede Nacht

Der Mond ist mein Zeuge

Ich habe ihn noch immer

den wunderbaren Gedanken

den Feenstaub

den unbändigen Willen

und all meine Liebe

Raphael

Ich brauche keine Flügel mehr

Liege ohnehin im Dunkel

von Paradise Lost

Vom Himmel gefallen

will ich nicht, dass diese Welt mich so sieht

Sie würden mich ohnehin nicht verstehen

Gut, dass es hier so dunkel ist

Schon der Volksmund sagt:

„Den Lichtblick

siehst du nur im Dunkeln!"

Nun denn, ich warte!

Fühl mich wie Raphael

von Gott gesandt

und ignoriert

Wozu also selbst noch leuchten

wozu noch emporsteigen, fliegen

ohne dich?

Der weiße Felsen

Am schier endlosen Strand deines Lebens
steh ich als großer runder
in der Brandung stehender
unbeugsamer weißer Felsen
auf dem kannst du dich sonnen
dahinter dich verstecken
Schutz suchen vor dem Sturm

Aus mir wohl bekannten Gründen
malst du mich immer öfter
mit dunkler Farbe an
damit ich nicht so leuchte
du mich übersehen kannst
Dann soll es wohl so sein
dann ist es, wie es ist
Dann hab ich nur einen Wunsch:
Nimm wenigstens Wasserfarbe!

Dann hilft mir die Flut

der Regen

mit der Zeit

irgendwann

vielleicht

und wenn nicht

dann soll es wohl so sein

dann ist es, wie es ist

Wenn ich denn schon

in deinem Leben nicht leuchten

in deinem Leben nicht sein

dir nichts geben

nichts mit dir leben

nur noch zuschauen darf

Dann soll es wohl so sein

Dann ist es, wie es ist

Aber dann

erkenne zutiefst:

Nur weiches Wasser

bricht den Stein!

Erkenne:

Was immer auch geschieht

ich bin da, bin kein Gespenst

werde uns nie verleugnen

immer zu dir stehen

Nur

zum Strand des Lebens gehen

musst du selbst

Ich bin dort

Ich lebe

wenn auch grad

nicht mehr in dir

Ich bin hier

Ich bin nicht fort

Ich stand und steh

noch immer hier

an diesem Ort

Denn so soll es sein

es ist, was es ist

Es ist Liebe

„I know that there's a reason

why I need to be alone

You show me there's a silent place

that I can call my own

Is it mine, Oh! Lord is it mine?"

Supertramp – Lord Is It Mine

Die Erkenntnis

Die Zeit

der Trauer

des Schmerzes

der Sehnsucht

des Verlangens

der Hilflosigkeit

ist die Zeit

des Lernens

des Verstehens

der Begegnung mit uns selbst

Allein

was wir lernen

wen wir verstehen

was wir daraus machen

welchen Weg wir gehen

wie wir ihn gehen

liegt bei uns

Die Gefühle

die Wunden

und Spuren bleiben

im Innersten

unserer Seelen

bis in alle Ewigkeit

Glücklich

der früh genug lernt

offenen Herzens

in seine Seele zu schauen

denn er schöpft

aus einem Quell

unendlicher Weisheit

ewiger Liebe

Fliehen

Jeder fragt sich irgendwann einmal

was das Leben von ihm will

Unser Leben will nichts

Es rät uns

sich selbst und jeden sonst

zu lieben

Das Leben selbst

unseren eigenen Weg

gestalten wir allein

im Jetzt und Hier

Es gibt kein Schicksal

nur die Urkraft

die uns vor Herausforderungen stellt

die wir annehmen sollten

mit ihnen gehen

dann selbst entscheiden

was wir daraus machen

welchen Weg wir *wie* gehen

Wer nur *hinnimmt* flieht

flieht vor sich selbst – flieht somit vor Gott!

Babylachen

Saß kürzlich in der U-Bahn
Innerlich gebrochen
und nah am Wasser
sann ich trübe vor mich hin
Im Kinderwagen neben mir
saß ein Baby
Sah mich fragend an
und fragte
„Guckguck?"
Ich lächelte und sagte
„Daaaaaa!"
Und die Sonne ging
in einem herzerwärmenden
Babylachen auf
Alle Trauer verschwand
„Guckguck?" „Daaaaaaa!"
Unzählige Male
Verstecken und Lachen
Quer durch Dortmund

Alle Freude dieser Welt

in diesem Babylachen

Wir sagten händewinkend

„Tschüüsss!"

Und trennten uns

Auf der Rolltreppe

zurück in meine Realität

kam wie ein Hammer

die Einsicht

dass wir diese Freude

alle einmal in uns hatten

Dieses tiefe Urvertrauen

in das Leben, in die Welt

und es verloren

Fragt euch wo!

Fragt euch wann

euer inneres Kind verlor!

Und macht es anders!

Bitte!

Für diese Welt

Koblenz

Ich kam aus dem Bahnhof und sah dich zunächst nicht. Da kam hinter einem Busch eine kleine Hexe hervor, bekleidet mit einer bunten Weste mit Ärmeln. Du flüstertest: „Sag nichts!" Wir umarmten uns wortlos und spürten sofort was es ist. Was hätte ich auch sagen sollen? War innerlich baff, mit welcher Deutlichkeit mein Herz zu mir sprach. „Ist das ein Traum?", war beinahe dein erster Satz. Ich hab dich als Antwort geküsst.

Haben uns gehalten, gestreichelt, geküsst, den ganzen Tag. Selbst Petrus meinte es gut mit uns. Haben es genossen, einfach nur zu fühlen, was es ist. Standen auf der Festung, schauten hinunter aufs Deutsche Eck. Ich stand hinter dir und hielt dich fest. Du legtest die Hände auf meine. Wortlose Übereinstimmung, unausgesprochene, gefühlte Verbundenheit.

Am Bahnhof später, kurz vor dem Abschied, stand ich breitbeinig wie ein Rockstar vor dir, damit du nicht immer hoch schauen musstest und wir lachten, weil andere Menschen ungläubig guckten.

Sah dir tief in die wunderschönen Augen und sah, was es ist. Wir waren frei für diesen einen Tag. Wir waren einfach nur Frieden, waren die eine, die reine Liebe. Seit diesem einen Tag in Koblenz war klar, was es ist: Wahre Liebe!

Mein Weg

Mein Weg ist frei

Frei von Orten

Frei vom Ego

Frei von Besitz

Frei von Dogmen

Frei von List

Frei von Wut

Frei von Flucht

Frei von Neid

Frei von Eifersucht

Bisweilen frei von Vernunft

Aber niemals frei von Liebe

Amare et sapere vix deo conceditur*
(Publilius)

* Zu lieben und vernünftig zu sein ist kaum einem Gott möglich

Uncle Al Di

(Für Al Di Meola)

Hans Christian Andersen sagte einmal sehr treffend:

„Wenn Worte versagen, spricht die Musik."

Das stimmt! Jedes Mal, wenn ich mit Worten meine Gefühle nicht mehr beschreiben kann, greife ich zur Musik dieses einen Mannes. Schätze seine Musik jetzt schon seit 25 Jahren. Mitte der Achtziger stand ich in der Bochumer Zeche, direkt vor ihm an der Bühne und musste fürchten, dass er mir bei den Soli mit seinen Cowboy-Stiefeln in mein Gesicht treten würde. Schon damals war er nie weit von seinen Anhängern entfernt und trank unser Bier vom Bühnenrand.
Heute bin ich froh, ihm einen Teil dessen, was er mir mit seiner Musik gegeben hat, zurückgeben zu dürfen indem ich seine Internetseiten betreue. Ab und zu erreicht mich eine e-Mail von ihm, die er wie folgt beendet:

take care
uncle Al Di

Das macht mich sehr stolz! Es macht mich zu einem Neffen eines der genialsten Geister der Kunst. Für mich ist er nicht nur einfach einer der besten Gitarristen dieser Welt, in meinen Augen ist er der Michelangelo Buonarroti der Musik!

Die Mauer

Das Haus, in dem ich die ersten 10 Jahre meines Lebens verbrachte, steht mitten im grauen Dortmunder Norden. Der Schlachthof war in Riechweite. Sechsgeschossige Bauten – eines neben dem anderen. Wir spielten im Parkhaus der Bowlingbahn einen Block weiter, im Hafen oder im Hinterhof unseres Hauses. Dieser Hinterhof war umgeben von einer zwei Meter hohen Ziegelsteinmauer, die wir ab und an mit Kreide bemalen durften. Für uns damals war sie beinahe unüberwindlich. Aber eben nur beinahe. An dieser Mauer waren lange, rostige Stangen befestigt, auf denen einmal im Monat die Teppiche ausgeklopft wurden. Sie dienten uns hervorragend, um an ihnen die Mauer empor zu klettern. Denn diese Mauer musste immer wieder aufs Neue erklommen werden. Denn eines stand für uns fest: Die richtige, die spannende Welt befand sich dort außerhalb dieser Mauer!
Obenauf hatten die Maurer Glasscherben in den Zement gemischt – als kostengünstige Einbruchssicherung. Das hielt uns nicht ab! Wir eroberten den Nachbarhof, das Dach des Hinterhauses, die ganze große Welt dort „draußen". Jedes Mal über die Mauer - jedes Mal mit neuen, kleinen Wunden an Händen und Hintern – aber glücklich.

Das hat mich fürs Leben geprägt. Man kann kein Abenteuer bestehen, keines seiner Ziele erreichen, ohne auch mal eine Schramme abzubekommen.

Das gilt auch für Angelegenheiten des Herzens. Man muss dem Herzen folgen, auch über Mauern und Scherben hinweg – die Hauptsache ist, auch diese Welt dort „draußen", im Abenteuerland seines Innern, zu erobern, zu erkunden. Immer man selbst und am Ende hoffentlich glücklich zu sein. Manchmal vielleicht auch unglücklich. Aber ganz wichtig: Nie der Mauer böse sein – denn die haben wir uns oft genug selbst vor die Nase gesetzt! Und was ist unsinniger, als sich selbst böse zu sein?!

Mrs. Darling

Sir James Matthew Barrie

beschrieb sie wunderschön

Als hätte er dich gekannt

Denn für einen himmlischen

flüchtigen Moment

hatte ich sie beide

Deine innerste Schachtel

und den gewissen Kuss

Beide gab ich dir zurück

ließ dich los

ließ dich frei

Du weißt warum

Fühl dich frei von mir

Bleibst eh immer

ein Teil von mir

Bist eine wunderschöne Frau

Du weißt wo du mich findest

Beim zweiten Stern rechts

und dann immer geradeaus

bis zum Morgen

Sie ist so schön!

Der Weise steckt den Kopf in alte Folianten

Auf der Suche nach der Wahrheit, töricht

Du Narr, schau doch in dein fühlend Herz

Dort wird dir offenbar, die Schönste

Sie, die sie Mondgöttin Heather nannten

Schlafe sanft

Mit dem Mondlicht

send' ich dir

meine Seele

meinen einen Kuss

Schlafe sanft

und träume süß

Ich bin bei dir

halte Wacht

Der Mond mir scheint

weil du erstrahlst

Du

bist mein Glück

mein Stern

meine Sonne

mein Licht

Schlaf sanft

meine Schöne

meine Liebe

Du

Du

Die Liebste mir

Die Schönste hier

Träumend wandle ich

durch den Garten

deines wundervollen Wesens

deiner strahlenden Schönheit

Verlier mich dort

Will verschollen bleiben

will niemals wieder

ohne dich sein

Mag nicht erwachen

Denn im Wachen

vermiss ich dich

Verrückt?

Heute erreichte mich deine Nachricht: „Heute schon erwähnt, dass du verrückt bist? ☺ "

Ich bin verrückt? Das ist gut so! Denn ich baue dir jeden Tempel, jede Brücke, uns ein Zuhause. Und da ich so verrückt bin, wäre jedes dieser Bauwerke etwas ganz Besonderes, Ausdruck meiner Liebe, von Geduld und Verständnis. Liebe, Licht und Freiheit!

Wie sollte es auch anders ein? Schließlich bist du ja auch eine wundervolle, traumhafte, eine ganz besondere Frau!

Tragisch nur, dass ich wohl nie dein Baumeister werde sein dürfen. Darf nur Reden, Schreiben, darf nichts dafür tun. Der Inbegriff der Verzweiflung, diese Liebe zu fühlen aber wohl nie wirklich leben und beweisen zu dürfen. **Das** ist verrückt!

Mondliebe

Ich sah sie zuletzt auf dem Dortmunder Hauptbahnhof - Gleis 16. Ihr Zug hielt auf dem Weg von Hamburg gen Süden für einige Minuten dort. Ich fand sie zunächst nicht, weil sie sich in der Waggon-Nummer geirrt hatte. Als ich sie dann zwei Waggons weiter erblickte, rannte ich wie um mein Leben zu ihr. Ich hatte vielleicht nur noch 20 Sekunden um sie küssen und ihr zu sagen, dass ich sie liebe. Als sich die Türen wieder schlossen, sahen wir uns tief in die Augen. Ich werde diesen Moment nie in diesem Leben wieder vergessen. Wir wussten beide: Wir lieben uns über alles, aber es darf nicht sein. Es kann kein Uns geben. Unsere Liebe fand ihre Freiheit nur auf dem Mond, wenn wir uns beide abends dorthin träumten, an einander dachten und diese unglaubliche Liebe und Verbundenheit spürten. Heute sitze ich abends allein dort droben und spiele auf meiner Gitarre eine kleine Symphonie, die ich ihr schrieb. Sie kann sie nicht hören – denn sie kommt nicht mehr dort hinauf.
Es ist eine Mondliebe…

Liebe Leserin, lieber Leser,
wissen Sie, warum die Erde vom Mond aus betrachtet, immer so wunderwunderschön aussah? Nein?
Weil sie neben mir saß, in meinen Armen!!

Peter Druffel

Taim i' ngra leat, mein Stern!
Ich bereue nicht eine einzige Sekunde.
Ich bin da, wann immer du mich brauchst.
Mein Versprechen gilt.
Du bist meine Francesca!
Meld dich oder schick mir den Stein.
Wenn nicht, sehen wir uns
am Ende des Weges.

Des Barden Vers

Nun steht er dort
Augen vom Burgberg her
gen Lenne gerichtet

Darf ihr nichts sein
nichts Wahres tun
seine Liebe nicht leben

Alles was bleibt
sein brennend Herz
ihr beim Monde versprochen

Einzig was lebt
ist allein sein Wort
ist des Barden Vers

Jeder zarte Reim
ein ihm heiliges Versprechen
ein sanftes Flehen

Wartend, sehnsüchtig, ewiglich
die Liebe in ihm
des Barden Vers

„Let us cling together
as the years go by
Oh my love my love
In the quiet of the night
Let our candle always burn
Let us never lose the lessons
we have learned"

Queen – Teo Torriatte (Let Us Cling Together)

„Usque huc venies et non procedes amplius
et hic confringes tumentes fluctus tuos."

Ijob.38,11

Meinen Dank an:

Barbara Zantis:
Sie ist meine Anam Cara, meine Seelenfreundin. Sie hat mich mehr als nur einmal wieder aufgebaut, war stets für mich da und ist mein irdischer Engel. Kein Mensch kennt mich so gut, weiß so viel über mich, wie sie. Mit ihr kann ich Pferde stehlen! In ihrer Gegenwart fällt alles von mir ab. Bin überglücklich, dass wir uns wieder begegnet sind, süße Maus!

Meine Mama und meine Schwester:
Weil sie mich nie aufgegeben haben. Ich liebe euch!

Angelika Asmus-Budny:
Sie versuchte mir etwas zu zeigen, wozu ich noch nicht bereit war. Wir taten uns gegenseitig weh, weil wir wohl keine gemeinsame Sprache fanden. Es tut mir ehrlich leid! Ich habe meine Lektion gelernt. Auch, dank ihr.

Lea, Nils, Laura, Max und Mira:
Weil ihr einfach tolle Kinder seid!

Herman van Veen:
Vielen herzlichen Dank für das Bild. Es ist wundervoll!
Dein Bild kam genau im richtigen Moment. Danke Herman.

Eckhart Tolle:
Ich fand den Schlüssel, stieß die Tür auf und ging hindurch.

Geoffrey Ashe:
Absoluta sententia expositore non indiget. Libri amici, libri magistri. That's what I've learned. I'm so indebted to you!

Sabine & Olaf Gorski
Weil sie sich die Zeit nahmen mich ins rechte Licht zu rücken.

Ganz besonders
Meine kleine Hexe Morgaine le Fay, meine Mondgöttin Heather:
Dieser eine Klick hat mein Leben verändert. Und ich bin glücklich darüber! Du bist eine wundervolle, wunderschöne Frau! Vergiss das bitte nie mein Stern! Egal was noch passieren mag! Dies ist kein Ende. Es ist ein Anfang!